LK 1402.

MANUEL

DU

PÈLERINAGE DE BRÉTIGNY.

Vu et permis d'imprimer.

Beauvais, le 26 octobre 1857,

Ch. Millière,
vicaire-général.

(840) SAINT-CLOUD. — IMPRIMERIE DE Mme Ve BELIN.

MANUEL

DU

PÈLERINAGE DE BRÉTIGNY,

PAR

M. l'Abbé BRETON,

CURÉ DE PONTOISE.

NOYON,

RIBAUT-NAQUET, LIBRAIRE-ÉDITEUR.

1857

Propriété de l'auteur.

MANUEL
DU PÈLERINAGE DE BRÉTIGNY.

Avis sur les pèlerinages en général.

Les pèlerinages sont de pieux voyages que font les chrétiens aux lieux que N.-S. J.-C. ou les saints ont habités ou rendus célèbres par quelque action mémorable. Ces saintes visites viennent d'abord d'un sentiment naturel à l'homme, sentiment qui l'attire là où habitait un être chéri ou révéré, là où se sont accomplis des événements remarquables. Aussi les pèlerinages ont-ils été pratiqués chez tous les peuples et datent-ils de la plus haute antiquité. En outre, chez les chrétiens, ils sont inspirés par un autre motif encore, tel que : l'intention d'apaiser la colère divine, de détourner quelque malheur privé ou public; le désir de faire pénitence, d'obtenir quelque faveur spirituelle ou temporelle, etc., etc. Ce qui fait que, dans sa route, le pèlerin se condamne à la fatigue, aux privations, aux incommodités du voyage; espérant, en échange des sacrifices qu'il s'impose, trouver grâce auprès du Dieu qui tient compte des plus légères pénitences et les rémunère avec usure. Les pèlerinages sont donc une chose bonne, louable, agréable à Dieu et utile à ceux qui les accomplissent comme il faut.

Mais qu'arrive-t-il souvent? Il en est de ces pratiques comme de plusieurs autres, bonnes en elles-mêmes. Ou bien on les entreprend avec des idées et des intentions superstitieuses; ou bien l'on y apporte des dispositions si peu chrétiennes et l'on s'en acquitte d'une manière si imparfaite et parfois si étrange, qu'on n'en retire aucun fruit et que pour tout résultat on provoque le rire des incrédules et les moqueries des impies.

Voulez-vous que votre pèlerinage vous soit profitable et en même temps agréable à Dieu et édifiant pour le prochain? Faites-le dans les dispositions et de la manière suivantes :

1° *Ayez une intention pure.* — Avant d'entreprendre ce voyage, interrogez-vous vous-même et demandez-vous dans quelles vues vous le faites. Est-ce pour satisfaire votre dévotion et le désir que vous avez d'honorer tel saint, telle sainte? Est-ce pour accomplir quelque vœu ou promesse légitime? Est-ce pour implorer, par l'entremise d'un saint ou la vertu de ses reliques, quelque grâce, quelque faveur temporelle? Si telle est votre intention, si c'est avec une foi éclairée et une confiance appuyée sur les enseignements de la religion que vous agissez, partez, pieux pèlerin ; votre intention est droite et pure, le Seigneur s'apprête à vous exaucer.

Mais si d'autres motifs vous inspiraient ; si, par exemple, éprouvant quelque disgrâce en votre personne, dans la personne de vos enfants, dans vos animaux, vos récoltes, etc., vous aviez eu la bonhomie de recourir à de prétendus sorciers, à de soi-disant devins ou devineresses, et que ceux-ci, abusant de votre crédulité, vous eussent conseillé tel ou tel pèlerinage comme un moyen infaillible d'être guéri, délivré ou préservé de maladies, de sorts, maléfices, etc., alors, croyez-moi, laissez ces vaines observances, ces pratiques que l'Eglise n'approuve pas, et restez. Restez, et ne faites point une démarche qui vous serait pénible, coûteuse peut-être et assurément inutile. Ne savez-vous pas que Dieu n'aime ni les sorciers, ni les devins, ni les devineresses, ni leurs pratiques ? Que ces sortes de gens et leurs industries ne sont que les interprètes et les industries du démon ? Que conséquemment Dieu n'exauce point ceux qui les consultent et suivent leurs bizarres et ridicules prescriptions ? Si vos animaux succombent, si vos enfants sont malades, si vous essuyez des pertes, en un mot, si le malheur semble acharné après vous, qu'avez-vous besoin de consulter ? Rentrez en vous-même, faites pénitence, accomplissez les actes de dévotion que votre conscience vous inspirera, adressez-vous directement à Dieu et à ses saints par la prière : voilà le remède à tous les maux.

2° *Ayez une entière soumission à la volonté de Dieu par rapport à la chose que vous vous proposez d'obtenir en pèlerinage.* — Ainsi il faut que vous soyez prêt à accepter de bon cœur ce qu'il plaira au Seigneur de vous accorder : soit la faveur que vous sollicitez, soit un refus ou un délai. Lui seul sait au juste et ce que vous méritez et ce qui vous est le plus utile. Rapportez-vous en donc à sa sainte volonté. C'est, du reste, la disposition dans laquelle vous devez être toujours lorsque vous priez. *Fiat voluntas tua.*

3° *Soyez en état de grâce avant de partir, ou du moins confessez-vous et communiez au lieu du pèlerinage.* — Aucune disposition n'est plus efficace que celle-là. Mais gardez-vous de ressembler à certains pèlerins qui ne se confessent que par pure formalité et sans avoir ni regret véritable du passé ni sincère bon propos pour l'avenir. Profitez de votre pèlerinage pour vous confesser; mais n'en abusez pas. On ne trompe point le Seigneur. — Si vous n'avez point encore le courage de recourir au sacrement qui remet l'âme en état de grâce, ou si, par une raison quelconque, la chose ne vous était pas actuellement possible, du moins soyez repentant de vos péchés, et, durant le cours du pèlerinage, faites du fond du cœur des actes fréquents de contrition. Ces sentiments de repentir ne peuvent manquer d'attirer sur le pèlerin la bienveillance de Celui qui est la clémence même, qui exauce les désirs à peine conçus et agréé les résolutions avant qu'elles soient formées. *Præparationem cordis eorum audivit auris tua.*

4° *Evitez dans l'accomplissement même du pèlerinage tout ce qui serait bizarre, ridicule, superstitieux.* — Ayez une foi naïve, une confiance sans bornes, je le veux. Assurément la grande puissance des saints, les innombrables prodiges obtenus au contact de leurs reliques, vous autorisent à compter beaucoup sur la vertu de leurs restes vénérés. Mais ordinairement mettez votre confiance plutôt encore dans la prière que dans certains usages, certaines évolutions, certains attouchements qui se pratiquent dans les pèlerinages. On attache souvent une importance exagérée à des pratiques singulières et presque ridicules, comme si toute l'efficacité du pèlerinage en dépendait. On met tous ses soins à toucher une pierre, à faire un nombre de fois déterminé le tour d'un grès, d'une châsse, etc., comme si ces objets ou ces manœuvres étaient capables par eux-mêmes de produire quelque effet. Pour vous, tout en contentant votre dévotion, prenez garde que ce soit toujours selon la raison et d'une manière légitime et convenable.

5° *Enfin, évitez tout ce qui serait en contradiction avec la pieuse démarche que vous faites.* — Nous l'avons dit : aller en pèlerinage est une action sainte. Or ne serait-il pas inconvenant de s'en acquitter comme on ferait une promenade ou une partie de plaisir? Ne serait-ce pas, à plus forte raison, une indignité que d'y commettre des fautes quelconques, par exemple : de manquer à des offices d'obligation, de faire des excès, de médire, etc., etc.? L'on a vu quelquefois des gens aller en pèlerinage le dimanche et, ce jour-là même, ne point assister à la sainte messe ; c'est-à-dire que croyant honorer tel saint, telle sainte, et se ménager sa protection, ces chrétiens peu éclairés offensent Dieu d'une manière scandaleuse et s'attirent peut-être sa malédiction. *L'obéissance vaut mieux que le sacrifice*, dit l'Ecriture. Il est donc mieux de renoncer à un pèlerinage qui ne vous permettrait pas d'entendre la messe un dimanche, que de le faire au préjudice de la loi qui oblige à assister au saint sacrifice.

Mais c'est surtout lorsque le pèlerin est de retour qu'il doit mettre sa conduite d'accord avec elle-même. Siérait-il, en effet, à quiconque vient d'accomplir un pèlerinage, c'est-à-dire une œuvre de pure dévotion, de négliger le lendemain des œuvres obligatoires et d'omettre des choses essentielles et nécessaires? Gardez-vous donc de démentir, par la violation de vos devoirs de religion et par une conduite peu chrétienne, la bonne opinion que vous aviez donnée de vos sentiments en allant en pèlerinage. Cette inconséquence ferait mépriser et les pèlerinages et le pèlerin.

ABRÉGÉ

DE LA VIE DE SAINT-HUBERT DE BRÉTIGNY (Oise),

CI-DEVANT DU DIOCÈSE DE SOISSONS, PRÈS NOYON,

EN PICARDIE.

Saint Hubert naquit à Brétigny, sur la fin du VIIe siècle, de parents distingués par leur noblesse et leur piété. Son père nommé Pierre, qui était seigneur de Brétigny, et sa mère appelée Jeanne l'obtinrent après plusieurs années de mariage. Longtemps Jeanne, se rendant à l'église du monastère voisin, que son époux avait fait rebâtir, y avait témoigné à Dieu avec larmes le regret qu'elle avait d'être stérile. Enfin, elle apprit de la bouche de saint Gamon, abbé du lieu, qu'elle aurait un fils qui brillerait un jour par ses vertus et sa sainteté. En effet, les prières de Jeanne furent exaucées et elle mit bientôt au monde un enfant qui fut tenu sur les fonts du baptême par son parent le grand saint Hubert des Ardennes, et en qui l'on vit reluire, dès la plus tendre enfance, tous les dons du Saint-Esprit. Heureux les enfants qui sont ainsi le fruit de la prière et qui selon le langage de saint Jean, *ne sont point nés du sang, ni des désirs de la chair, ni de la volonté de l'homme, mais de Dieu même.* Ceux-là sont comme naturellement enfants de Dieu et prédestinés.

Hubert se montra de bonne heure doux, complaisant, affable et surtout charitable envers les pauvres. Suivant les inspirations de sa mère et sans doute aussi ses exemples, il faisait ses délices de la prière, de l'aumône et des pieux entretiens qu'il avait avec les religieux de l'abbaye voisine. Il ne s'occupait que de ce qui pouvait le rendre agréable à Dieu et il profitait de tous les instants que lui laissaient ses occupations pour aller à l'église. C'est ainsi qu'il se montrait le modèle des jeunes enfants et méritait que Dieu accomplît sur lui ses desseins.

A l'âge de douze ans, Hubert obéissant à l'attrait de la grâce de Dieu qui aime à séparer ses élus du monde et à les conduire dans la solitude, *ducam eam in solitudinem*, entra secrètement au monastère et supplia le prieur de le revêtir de l'habit religieux. Celui-ci ne put résister à ses instantes prières et lui accorda la robe monastique. Mais les parents du jeune moine ayant aussitôt connu le lieu de sa retraite, mirent tout en œuvre pour le faire renoncer à son dessein. Hubert, n'écoutant plus la voix de la chair et du sang, fut inébranlable et parvint même à persuader son père et sa mère d'imiter son détachement. C'est pourquoi ceux-ci bientôt après partagèrent leurs biens en trois portions; donnèrent l'une au monastère, l'autre aux pauvres, ne réservant pour eux que la troisième.

Ainsi dégagé des entraves de la famille et du monde, Hubert s'adonna tout entier aux exercices de la pénitence, à la méditation et à la lecture des livres saints. Il sut bientôt par cœur tout le psautier. A l'exemple de l'Apôtre, il réduisait son corps en servitude ; jeûnait trois fois la semaine, le lundi, mercredi et vendredi, et donnait aux pauvres la portion dont il se privait. Le monde frémit au seul mot de pénitence ; mais elle fait les délices des saints. C'est que *le joug du Seigneur est doux et son fardeau léger.*

Une vie si parfaite devint bientôt l'objet des attaques du démon. Ce perfide représenta à Hubert qu'il avait agi inhumainement en abandonnant ses parents ; qu'il y avait de la cruauté à les délaisser de la sorte et qu'il devait rentrer dans le monde. Mais le saint solitaire, avec cette perspicacité que donnent les lumières de la grâce, sut discerner au milieu de ces suggestions les artifices de l'ennemi et triompha de ces tentations par un redoublement de veilles et d'austérités. Loin de le faire changer de résolution cette épreuve ne servit qu'à le faire avancer davantage dans les voies de la perfection. Comme le soleil sort triomphant et plus splendide des nuages qui avaient un instant voilé son éclat, saint Hubert commença de briller par toutes sortes de prodiges. Le plus frappant fut la manière toute merveilleuse dont il délivra son père des injustes attaques du comte de Vermandois. Celui-ci ayant appris que le seigneur de Brétigny avait disposé d'une partie de ses biens en faveur du monastère du lieu, entreprit de lui demander raison de cet acte par la voie des armes. Dans cette extrémité, Pierre, comptant sans doute sur le pouvoir surnaturel dont son fils avait déjà donné des marques, eut recours à lui. Le jeune saint ayant paru, dit-on, dans la petite armée de son père tout environné d'une lumière céleste, le comte de Vermandois fut tellement effrayé qu'il mit bas les armes, alla se jeter aux genoux de Pierre et lui jura une amitié inviolable.

Ce miracle donna de saint Hubert la plus haute idée. Aussi fut-il jugé digne d'être élevé au sacerdoce, bien qu'il n'eût que vingt ans. Sa sainteté lui avait déjà, dans un âge si peu avancé, concilié l'estime et la faveur des évêques voisins, particulièrement de ceux de Soissons, de Laon, de Noyon. Ces derniers assistèrent à sa première messe, et ce jour-là même, en leur présence, Hubert délivra une femme de Noyon qui était possédée du démon. Plus tard une femme de Laon lui ayant présenté son fils qui n'avait ni parlé ni marché depuis neuf ans, Hubert rendit sur-le-champ à ce jeune homme l'usage de la parole et des membres. Combien de malades atteints de la rage et autres infirmités n'a-t-il point guéris? Tous ceux qui lui étaient amenés s'en retournaient sains et saufs ; et, en les congédiant, le saint avait coutume de leur dire : « O mon frère, » rendez grâce à Dieu et gardez-vous de dire que » vous ayez été guéris par Hubert. En outre, que » jamais il ne vous arrive de blasphémer le saint » nom de Dieu, car c'est un grand crime. » Attention délicate et touchante, qui doit nous apprendre à nous-mêmes à ne rien dire, à ne rien faire qui puisse porter atteinte à la gloire du Seigneur.

Hubert ayant perdu en quelques jours son père et sa mère, conçut de là un nouveau désir d'aller au ciel. La douleur lui fit souhaiter de suivre bientôt ses parents pour jouir avec eux de la vision bienheureuse et éternelle de Dieu. Ses vœux furent exaucés. Il avait coutume, après la récitation de l'office au milieu de la nuit, de se retirer dans le jardin du monastère pour y vaquer à l'oraison et s'y livrer à de saints entretiens avec les habitants du ciel. Ce fut là qu'il eut le pressentiment de sa fin et de sa récompense prochaines. Lorsque l'âme est arrivée par la vertu à se dégager des choses de la terre, elle participe en quelque manière de la nature divine, ou du moins jouit des attributs qui semblent propres à la Divinité. Le voile du temps se déchire à ses yeux et elle lit dans l'avenir. C'est ainsi que saint Hubert connut d'avance le terme de son exil. Une fièvre violente l'ayant saisi, il fit ses adieux à ses frères, reçut les sacrements de l'Eglise, et, après avoir, dit-on, recommandé au Seigneur les habitants de Brétigny, il rendit sa sainte âme à Dieu le samedi 30 mai de l'an 714, dans la 32ᵉ année de son âge. Jeune selon la nature, plein de jours selon la grâce, il fut enlevé, comme disent les saintes Ecritures, du milieu de ce monde rempli de dangers, et d'iniquités, de peur que le mal ne ternît l'éclatante pureté de son âme. Il avait su plaire au Seigneur : le Seigneur se hâta de l'appeler à lui. Puissions-nous, à l'exemple de saint Hubert, ne pas compter notre âge par nos jours, mais par nos mérites ! Puissions-nous après de longues années de vie mourir aussi pourvus de bonnes œuvres que saint Hubert après quelques années seulement d'existence !

Peu de jours après la mort de saint Hubert, un homme puissant et noble, dont le bras droit était paralysé depuis longtemps, trouva guérison auprès de son tombeau. Divers autres prodiges ayant eu lieu, la renommée du saint s'étendit non-seulement dans les contrées voisines, mais jusqu'au fond de l'Artois, du Cambraisis et de la Flandre. Une multitude de pèlerins vinrent dès lors à Brétigny implorer leur propre guérison ou celle des malheureux que leurs infirmités empêchaient de s'y rendre. Le chemin par où arrivaient, durant plusieurs siècles, ces nombreuses files de voyageurs, porte encore le nom de saint Hubert. On raconte une quantité de prodiges qui s'opérèrent à Brétigny, à différentes époques, par l'entremise puissante du saint moine. Aussi était-il en grand renom, et telle était la vénération dont il était l'objet, que les Noyonnais, par exemple, juraient par saint Hubert, que les lieux où son nom seulement se trouvait écrit étaient considérés comme à l'abri du tonnerre, et que tout ce qui avait touché à ses reliques était regardé comme un préservatif ou un remède contre le démon, la foudre, la rage, la folie.

Les reliques de saint Hubert, qui ont échappé à la destruction de l'abbaye et du prieuré, sont conservées dans l'église de Brétigny. Le pèlerinage, sans être aussi fréquenté qu'autrefois, est encore très-suivi. Chaque année, le 30 mai, on descend la châsse qui reste exposée jusqu'au 3 juin. Durant ce laps de temps les paroisses voisines se rendent processionnellement en pèlerinage à l'église de Brétigny, pour y honorer la mémoire et les reliques de saint Hubert. C'est le moment où les pèlerins arrivent plus nombreux. Mais outre l'affluence du mois de juin, on voit aussi de temps à autre dans le cours de l'année de pieux étrangers qu'amène un accident, une épidémie, une infortune quelconque.

« Toutes ces merveilles, dirons-nous en terminant » avec un dévot légendaire, toutes ces merveilles que » le Seigneur a opérées et opère encore chaque jour » par son serviteur, sont plus que suffisantes pour

» nous répondre de son éminente sainteté et du pou-
» voir qu'il a auprès de Dieu. Réjouissons-nous donc
» d'avoir au milieu de nous un si puissant protec-
» teur et faisons en sorte, par nos prières et nos
» bonnes œuvres, de mériter l'intercession d'un si
» grand saint, afin qu'il nous obtienne dans ce
» monde la guérison de nos maux et la vie éter-
» nelle dans l'autre. Ainsi soit-il ! »

NOTES DIVERSES.

1° Brétigny était, au VIIIe siècle, une dépendance de la maison royale de Quierzy (Carisiacus). On y voyait une abbaye considérable qui fut détruite, ainsi que le château, par les Normands.

2° Le pape Etienne III vint en 754 au monastère de Brétigny dans lequel était une école de théologie. Les religieux lui proposèrent différentes questions sur le mariage, le baptême et le gouvernement du clergé. La réponse du pape, datée de Quierzy, en dix-neuf articles, est insérée au deuxième volume des *Conciles de France*.

3° Willebert évêque de Châlons fut sacré à Brétigny au mois de décembre 868, par Hincmar archevêque de Reims, assisté de saint Odon, évêque de Beauvais, et de ses autres suffragants.

4° Le monastère fut réduit après l'incendie des bâtiments en un prieuré simple qui relevait du prieuré de Lihons en Santerre, ordre de Cluny. Il devait y avoir cinq moines. L'évêque de Soissons nommait à la cure pour le prieur. Les dîmes appartenaient aux bénédictins de Saint-Germain-des-Prés. Le chœur de l'église, dont l'autel était dédié à saint Pierre, était le siége du prieuré. La nef servait de paroisse sous le titre de Saint-Nicolas.

5° La seigneurie temporelle appartint longtemps à la maison de Gesvres, d'où elle passa au marquis de Barbançon.

6° La tradition locale rapporte que saint Hubert se servait d'un grès, que l'on voit dans le cimetière, pour monter à cheval. Il y a encore, à quelque distance de l'église, une pierre appelée *pierre Saint-Hubert*. On s'y rend chaque année en procession avec la châsse du saint. Près de l'église se trouve aussi une fontaine, appelée fontaine Saint-Hubert. Les pèlerins ne manquent pas de boire de l'eau de cette fontaine.

PRIÈRE A SAINT HUBERT DE BRÉTIGNY.

Dieu de puissance et de miséricorde, qui êtes seul capable de détourner tous les maux qui menacent vos serviteurs ; exaucez nos prières et accordez-nous la grâce, par l'entremise du glorieux saint Hubert, confesseur, que nos âmes soient préservées des plaies du péché, et nos corps de toute morsure de mauvais animaux ; nous vous le demandons par Jésus-Christ Notre-Seigneur. Ainsi soit-il !

PRIÈRE A SAINT HUBERT

A l'usage des paroisses qui vont processionnellement en pèlerinage à Brétigny. En arrivant, avant de commencer la messe, tout le monde étant à genoux, le curé récite la prière suivante.

Grand saint, qui avez été prévenu des grâces de Dieu dès la plus tendre enfance, et qui avez généreusement renoncé au monde pour mieux servir le Seigneur ; vous qui avez reçu du ciel, en échange de vos vertus et de vos mérites, le don des miracles, et qui en avez si souvent usé à l'égard de ceux qui vous ont invoqué, soyez touché de notre dévotion et de la confiance que nous avons en vous. Nous sommes venus ici d'abord pour vous honorer, pour bénir et glorifier votre nom ; agréez donc et la démarche que nous avons faite et les hommages que notre piété se dispose à vous rendre. Notre bonheur serait de vous voir accueillir ce témoignage public de notre vénération et de notre amour. — Nous voulons en outre, en visitant vos reliques sacrées, nous placer sous votre sainte garde et nous recommander à vous. C'est pourquoi, ô bien-aimé saint Hubert, agréez aussi nos prières, et du haut du ciel soyez-nous désormais propice. Détournez de dessus nos têtes les maux qui nous menacent, préservez-nous de tout accident, écartez loin de nous les fléaux de la justice divine. Faites que nous sentions ainsi les effets de votre protection pour ce qui regarde nos corps. Mais surtout, obtenez que nos âmes échappent aux morsures du serpent infernal, aux blessures du péché et à la mort éternelle. Ainsi soit-il !

MESSE

EN L'HONNEUR DE SAINT HUBERT DE BRÉTIGNY.

(RIT ROMAIN-BEAUVAISIEN).

INTROITUS.

Cogitavi dies antiquos et annos æternos in mente habui; et meditatus sum cum corde meo, et exercitabar et scopebam spiritum meum. Ps. Voce meâ ad Dominum clamavi; voce meâ ad Deum, et intendit mihi.

INTROIT.

J'ai songé aux jours anciens et j'ai toujours eu présente à l'esprit la pensée des années éternelles. Durant la nuit je méditais au fond de mon âme: c'était là mon occupation et l'exercice auquel j'appliquais mon esprit. Ps. Ma voix s'est élevée vers le Seigneur, ma voix a crié vers Dieu et il m'a entendu.

ORATIO.

Famulantium tibi, Deus, ineffabilis dulcedo, qui beatum confessorem Hubertum terrena fastidientem uberibus consolationis tuæ donis cumulasti; ejus, quæsumus, intercessione concede, ut legis tuæ suavitate perceptâ, fallaces sæculi contemnemus delicias, et per viam regiam sanctæ

COLLECTE.

O Dieu, bonheur ineffable de ceux qui vous servent, qui avez comblé de vos délices le bienheureux Hubert[1], confesseur, plein de mépris pour les choses de la terre ; accordez-nous par son intercession, nous vous en supplions, que, goûtant le charme de votre service, nous méprisions les faux plaisirs du siècle et volions de tout cœur dans la voie royale de la croix. Nous vous le demandons par J.-C. N.-S.

Lecture de l'épître de l'apôtre St Paul aux Philippiens.

Mes frères, tout ce qui me semblait autrefois avantages, m'a paru depuis, à cause de Jésus-Christ, dommage réel. Oui, toute chose me semble un préjudice véritable à côté du bonheur éminent de connaître Jésus-Christ mon Seigneur, pour l'amour de qui j'ai tout sacrifié, et je regarde tout comme de la fange, afin de posséder en échange Jésus-Christ et d'être trouvé près de lui non pas avec ma propre justice, qui vient de la loi, mais avec celle qui vient de la foi en Jésus-Christ, justice que Dieu donne par la foi ; afin de connaître Jésus-Christ et la vertu de sa résurrection et la participation à ses souffrances, mourant ainsi comme lui à toutes choses, pour parvenir à la résurrection d'entre les morts. Je ne prétends point en être là encore ni être arrivé à la perfection ; mais je continue à m'efforcer d'atteindre le but vers lequel je suis moi-même attiré par Jésus-Christ. Mes frères, non, je ne me figure

crucis dilatato corde curramus. Per Dominum....

Lectio epistolæ beati Pauli apostoli ad philippenses.

Fratres, quæ mihi fuerunt lucra, hæc arbitratus sum, propter Christum, detrimenta. Verumtamen existimo omnia detrimentum esse propter eminentem scientiam Jesu Christi Domini mei, propter quem omnia detrimentum feci et arbitror ut stercora, ut Christum lucrifaciam et inveniar in illo, non habens meam justitiam, quæ ex lege est, sed illam quæ ex fide est, Christi Jesu : quæ ex Deo est justitia in fide, ad cognoscendum illum et virtutem resurrectionis ejus, et societatem passionum illius, configuratus morti ejus, si quomodo occurram ad resurrectionem quæ est ex mortuis. Non quod jam acceperim, aut jam perfectus sim; sequor autem si quomodo comprehendam in quo et comprehensus sum a Christo Jesu. Fratres, ego me non arbitror comprehendisse. Unum autem, quæ quidem retrò sunt obliviscens, ad ea vero quæ sunt priora extendens meipsum, ad destinatum persequor, ad bravium supernæ vocationis Dei, in Christo Jesu.

point avoir atteint le terme. Mais je sais une chose : c'est qu'oubliant tout ce que j'ai laissé en arrière et ne m'appliquant qu'à ce qui est devant moi, je tends uniquement au but, à la récompense à laquelle Dieu m'a appelé d'en haut par Jésus-Christ.

GRADUALE.

Expectabam eum qui salvum me fecit a pusillanimitate spiritùs et tempestate. In domo Dei ambulavimus cum consensu, quoniam nequitiæ in habitaculis peccatorum. Ego ad Dominum clamavi; vesperè, et manè, et meridie, narrabo, et redimet in pace animam meam.

GRADUEL.

Dans la solitude où je m'étais retiré, je me reposais de tout sur celui qui m'a préservé du plus léger souffle comme des orages des passions. Nous avons marché avec accord dans la maison du Seigneur tandis que l'iniquité règne dans la demeure des pécheurs. Pour moi, j'ai poussé des cris vers mon Dieu ; le soir, le matin, au milieu du jour je l'invoquais et il a donné la paix à mon âme.

Alleluia, Alleluia. Cantabiles mihi erant justificationes meæ in loco peregrinationis meæ. Memor fui nocte nominis tui, Domine. Alleluia.

Alleluia, Alleluia. Vos justices, Seigneur, ont été dans mon exil l'objet de mes chants. Dans la nuit, je me suis souvenu de votre nom, Seigneur. Alleluia.

TRACTUS.

Meditabar in mandatis tuis quæ dilexi, Domine, et exercebar in justificationibus tuis. Media nocte

TRAIT POUR LE TEMPS DE LA SEPTUAGÉSIME.

Je méditais sans cesse sur vos commandements que j'aime, Seigneur, et je m'exerçais dans la pratique de vos préceptes. Je me levais au milieu de la nuit pour vous louer sur l'équité de vos ordonnances. Que j'aimais votre loi, Seigneur! Elle était tout le jour l'objet de mes méditations; j'ai incliné mon cœur à accomplir à jamais vos justes volontés en vue de la récompense que vous y avez attachée. Ceux qui vous craignent me verront et seront dans la joie, parce que j'ai mis toute mon espérance dans vos paroles.

surgebam ad confitendum tibi super judicia justificationis tuæ. Quomodo dilexi legem tuam, Domine; totâ die meditatio mea est. Inclinavi cor meum ad faciendas justificationes tuas in æternum, propter retributionem. Qui timent te videbunt me et lætabuntur, quia in verbis tuis superspéravi.

AU TEMPS PASCHAL.

Alleluia, Alleluia. Qu'ils sont aimables vos tabernacles, Dieu des armées! Mon âme languit et défaille du désir d'habiter les parvis du Seigneur.
Alleluia. Heureux ceux qui habitent dans votre maison, Seigneur, ils vous loueront dans les siècles des siècles. Alleluia.

Suite du saint Evangile selon saint Matthieu.

En ce temps-là Pierre dit à Jésus: Voilà que nous avons tout quitté et vous avons suivi, que sera-t-il de nous? Jésus leur répondit: Je vous le dis en vérité, pour vous qui m'avez suivi, au jour de la résurrection, lorsque le Fils de l'homme sera assis sur le trône de sa gloire, vous serez vous aussi

TEMPORE PASCHALI.

Alleluia, Alleluia. Quam dilecta tabernacula tua, Domine virtutum! Concupiscit et deficit anima mea in atria Domini.
Alleluia. Beati qui habitant in domo tuâ, Domine, in sæcula sæculorum laudabunt te. Alleluia.

Sequentia sancti Evangelii secundum Matthæum.

In illo tempore, dixit Petrus ad Jesum: Ecce nos reliquimus omnia et secuti sumus te, quid ergo erit nobis? Jesus autem dixit illis: Amen dico vobis quod vos qui secuti estis me, in regeneratione, cùm sederit filius hominis in sede majestatis suæ, sedebitis et vos super sedes duodecim judicantes duodecim tribus Israël. Et omnis qui reliquerit domum, vel fratres aut sorores, aut patrem, aut matrem, aut uxorem, aut filios, aut agros propter nomen meum, centuplum accipiet et vitam æternam possidebit.

assis sur douze trônes et vous jugerez les douze tribus d'Israël. Et quiconque aura quitté pour moi sa maison, ou ses frères, ou ses sœurs, ou son père, ou sa mère, ou sa femme, ou ses enfants, ou ses terres, recevra le centuple et possédera la vie éternelle.

OFFERTORIUM.

Deus vocavit nos ut eamus in solitudinem et sacrificemus Domino Deo nostro. Pergemus et sacrificabimus sicut præcepit nobis.

OFFERTOIRE.

Dieu nous a appelés afin que nous allions dans la solitude et que nous offrions un sacrifice au Seigneur notre Dieu. Nous irons et nous offrirons un sacrifice comme il nous l'a commandé.

SECRETA.

Memoriam passionis tuæ in hoc sacrificio celebrantes, quæsumus, Domine, ut qui beatum Hubertum, confessorem, pœnitentiâ et charitate mirabilem effecisti; ita et nos facias dignè flere mala quæ gessimus, ut cum sanctis et electis tuis æternùm valeamus congaudere. Qui vivis...

SECRÈTE.

Seigneur, en célébrant dans le saint sacrifice la mémoire de votre Passion, nous vous demandons qu'ayant rendu admirable par les vertus de pénitence et de charité le bienheureux Hubert, confesseur, vous nous fassiez pareillement la grâce de pleurer dignement nos iniquités afin de pouvoir nous réjouir éternellement avec vos saints et vos élus. Ainsi soit-il!

COMMUNIO.

Quam magna multitudo dulcedinis tuæ, Domi-

COMMUNION.

Quelle abondance de délices vous avez réservée à ceux qui

vous craignent, Seigneur ! Vous les cacherez dans le secret de votre face, à l'abri de tout trouble de la part des hommes.

ne, quam abscondisti timentibus te! Abscondes eos in abscondito faciei tuæ à conturbatione hominum.

POST-COMMUNION.

Par la réception de ce sacrement, nous vous en supplions, Seigneur, allumez dans nos cœurs le feu de votre amour, et faites, par les mérites et les prières de saint Hubert votre confesseur, que nous renonçant nous-mêmes, nous trouvions le pardon de nos péchés et la paix. Nous vous le demandons par Jésus-Christ Notre-Seigneur.

POSTCOMMUNIO.

Hujus perceptione sacramenti, quæsumus, Domine, flammas tuæ dilectionis in cordibus nostris accende, et beati Huberti confessoris tui meritis precibusque concede ; ut nosmetipsos abnegantes, nostrorum inveniamus peccatorum veniam et pacem. Per Dominum...

Les vêpres se trouvent dans les paroissiens, au commun d'un confesseur non pontife.

AU SALUT L'ON PEUT CHANTER LA PROSE SUIVANTE.

Il sera couronné de la main de Dieu et sera honoré parmi les nations celui qui aura observé la loi du Seigneur.

Deo coronabitur,
Populis laudabitur,
Qui legem servaverit.

La gloire du ciel et une éternelle allégresse sont réservées à celui qui aura brûlé du feu de l'amour divin.

Cœli manet gloria
Et jugis lætitia
Quem amor subierit.

Saint Hubert appuyé sur Jésus-Christ et soutenu par ses préceptes sut marcher droit dans le sentier du bien.

Iste Christo radicatus
Et præceptis confirmatus
Iter rectum tenuit.

Non terrena diligebat, In æterna properabat, Noxiis abstinuit.	Il n'avait aucune affection pour les choses de la terre. Il ne tendait qu'aux biens éternels. Il s'abstint de tout mal.
Fit tempestas transiens Impius progrediens; Justus at fundabitur.	L'impie passant sur la terre n'est qu'une tempête d'un moment. Le juste sera affermi et durera.
Fide viva credidit, Sese Deo reddidit; Merces ampla sequitur.	Il eut une foi vive; s'abandonna entre les mains de Dieu. Une ample récompense en est le fruit.
Spes oblectat, amor flammat; Laus divina corde clamat, Fluit in suspiria.	L'espérance fait son bonheur, l'amour divin le consume. La louange de Dieu résonne au fond de son cœur. Il s'échappe en tendres soupirs.
Totus orat, totus tacet, Dùmque Christi jugum placet Carnis fugat vitia.	Il est tout entier à la prière, tout entier au recueillement du silence. Et tandis qu'il se plaît sous le joug du Christ il est à l'abri des vices de la chair.
Bonum prudens eligit, Fortis malum superat, Temperans se corrigit, Pressos justus liberat.	Homme prudent il choisit le bien; homme courageux il triomphe du mal; homme mortifié il se corrige; homme juste il délivre les opprimés.
Proximum diligere, Prosequi muneribus, Nunquam famam lædere : Scit docere moribus.	Aimer le prochain; le combler de dons, ne jamais blesser sa réputation : voilà ce qu'il sait nous apprendre par ses propres exemples.

O vous qui avez combattu sous l'étendard du Christ et avez fidèlement observé les lois saintes de Dieu, du haut du ciel jetez un regard sur nous.

Par votre intercession que le Seigneur nous fasse la grâce de brûler du feu de son amour, de mettre notre bonheur à accomplir ses commandements et de faire toujours des progrès dans la vertu. Ainsi soit-il!

O qui Christo militasti, Sacras leges observasti, Specta nos ab æthere.

Per te Christus inflammari, Suis jussis delectari, Det virtute crescere.
Amen.

―oo―

HYMNE QUE L'ON PEUT CHANTER A LA PROCESSION.

Nous chantons la gloire de ces heureux habitants des déserts que Dieu a cachés tout exprès dans la solitude, de peur que la contagion du siècle n'altérât leur innocence.

Pour vous posséder, ô Dieu objet de leurs soupirs, ils abandonnent pays, patrie, famille et jusqu'à eux-mêmes. Ils songent aux biens du ciel, et dès lors le monde entier n'est plus rien à leurs yeux.

Dépouillés, débarrassés, dégagés, libres de tout, ils

Felices nemorum pangimus
  incolas,
Certo consilio quos Deus ab-
  didit,
    Ne contagio sæcli
    Mores læderet integros.

Ut te possideant quem si-
  tiunt Deum,
Urbes, regna, suos, se quo-
  que deserunt;
    Totus viluit orbis
    Dum cœlestia cogitant.

Nudi, prompti, alacres, li-
  beri ab omnibus,

Ad luctam pugiles ociùs ad-
volant;
 Ut vastum mare tranent.
 Prudentes onus exuunt.

Æternas ut opes certaque
 gaudia
Securi rapiant, omnia lu-
 dicra;
 Sano pectore temnunt
 Confisi melioribus.

Illis summa fuit gloria de-
 spici,
Illis divitiæ pauperiem pati
 Illis summa voluptas
 Longo supplicio mori.

Fac nos, summe Deus, quæ
 patimur mala
In pœnam scelerum ferre li-
 bentiùs;
 Et tellure relictâ
 Immortalia quærere.

Æternus sit honos ingenito
 patri,
Sit par Unigenæ gloria Filio,
 Sacri nexus amoris
 Laus compar tibi, Spiri-
  tus.
   Amen.

volent, ces athlètes, plus rapidement au combat. Pour traverser la vaste mer, hommes prudents, ils se déchargent de tout fardeau.

Pour être plus sûrs d'obtenir les biens éternels et les joies véritables du ciel, ils ont la sagesse de dédaigner les biens qui nous amusent. Ils en attendent de meilleurs.

Pour eux, toute leur gloire, ce fut d'être méprisés; toute leur richesse, d'endurer la pauvreté; tout leur plaisir, de se consumer par un long martyre.

Pour nous, ô Dieu suprême, faites que les maux qui nous affligent, nous les supportions plus volontiers en punition de nos péchés; et que méprisant les choses de la terre, nous recherchions les biens éternels.

Honneur à jamais au père éternel; gloire pareille au Fils unique du Père; louange à vous aussi qui êtes le lien de leur saint amour, ô Esprit saint.
   Ainsi soit-il!

ANTIENNE A SAINT HUBERT CONFESSEUR NON PONTIFE

(Processionnal p. 59*.)

Méprisant le monde et triomphant des pensées terrestres, saint Hubert s'est amassé par ses paroles et par ses actions un trésor dans le ciel.	Hic vir despiciens mundum et terrena triumphans, divitias cœlo condidit ore, manu.
v. Le Seigneur a conduit le juste par des voies droites.	v. Justum deduxit Dominus per vias rectas.
r. Et il lui a fait voir le royaume de Dieu.	r. Et ostendit illi regnum Dei.
La collecte de la messe, p. 21.	La collecte de la messe p. 21.

www.ingramcontent.com/pod-product-compliance
Lightning Source LLC
Chambersburg PA
CBHW060524050426
42451CB00009B/1144